W0471827

Visualisierung

Mit der Macht der Gedanken zu mehr Geld, Liebe und Erfüllung

Inhaltsverzeichnis

Einleitung

Es ist eines der größten Geheimnisse der Welt. Es ist die Magie der Visualisierung, die Millionen von Menschen zum Glück verholfen hat. Es ist das Gesetz der Anziehung, das unseren Gedanken eine außerordentliche Kraft verleiht. Lange behielten es die großen Erfinder und Herrscher unserer Geschichte geheim. Doch 2006 beschloss Rhonda Byrne, das Geheimnis mit der ganzen Welt zu teilen.

In einem Buch „The Secret" erklärt sie, wie wir basierend auf dem Gesetz der Anziehung unser eigenes Leben in die Hand nehmen können. Dieses Buch führt dich Schritt für Schritt mit einfachen Erklärungen in die Theorie von Rhonda Byrne ein. Wie ist das Buch „The Secret" entstanden? Was genau ist das Geheimnis? Auf welchen physikalischen Gesetzen beruht es? Wie helfen Visualisierungen, um zu einem glücklicherem Leben kommen?

Die Theorie zu kennen ist nur der erste Schritt zu deinem Glück. Danach ist es essentiell, dass du übst und die praktischen Anwendungen kennen lernst. Deswegen haben wir in diesem Buch verschiedene

Visualisierungs- und Gedankenübungen für dich zusammengestellt. Wir möchten dich mit den Übungen motivieren, den Start zu wagen oder dich in das Thema zu vertiefen.

Lerne, wie du dein Leben ins Positive wenden kannst. Nicht nur deine Beziehungen und dein Ansehen, sondern auch dein geschäftlicher Erfolg und deine finanzielle Situation können davon profitieren!

Kapitel 1: Das Geheimnis

Im Jahr 2004 erlebte die Australierin Rhonda Byrne ein wahres Tief in ihrem Leben. Sie arbeitete pausenlos, ihr Vater starb unerwartet und ihre Beziehungen mit Freunden und Familienmitglieder fielen auseinander. In dieser tristen Zeit bekam sie von ihrer Tochter Haley als Aufmunterung ein hundert Jahre altes Buch (aus [1]). Ohne es zu wissen, hatte Hayley ihrer Mutter damit ein wunderbares und lebensveränderndes Geschenk gemacht.

Rhonda Byrne verschlang das Buch in kürzester Zeit. Sie bekam einen Einblick in das Geheimnis und forschte weiter, wälzte alte Bücher und legte so das uralte, fast verloren gegangene Wissen über das Geheimnis frei. Sie realisierte, dass das Geheimnis das Potenzial hatte, das Leben vieler Menschen zum Positiven zu wenden. Kaum ein Jahr später publizierte sie deswegen den Film „The Secret“. Darin zeigt sie, wie man sich mit der Kraft seiner eigenen Gedanken ein besseres Leben verschaffen kann. Viele der großen Erfinder und genialen Köpfe in der menschlichen Geschichte wandten das Geheimnis an und gelangten so zu ihren wichtigen Erfindungen und Erkenntnissen (aus [1]). „The Secret“ feierte weltweit riesigen Erfolg, weshalb Rhonda Byrne noch im selben Jahr ihr erstes Buch „The Secret“ veröffentlichte.

Doch was ist denn jetzt dieses Geheimnis genau, das Millionen von Menschen auf der Welt begeistert und zu einem glücklichen Leben führt?

Das Gesetz der Anziehung

Das Grundkonzept von Rhonda Byrnes Entdeckung ist das Gesetz der Anziehung. Alles, was in unser Leben kommt, ziehen wir mit der Kraft unserer Gedanken an. Du kannst dir vorstellen, dass du ein Magnet bist. Deine Gedanken haben eine bestimmte Frequenz und ziehen alles an, was auf der gleichen Frequenz ist.

Das Gesetz der Anziehung ist ein Naturgesetz und unterscheidet nicht zwischen Gut und Böse. Wenn du dir Sorgen machst, dass du negative Gedanken hast, wirst du noch mehr negative Gedanken anziehen. Sobald du diese Gedanken mit positiven Gedanken ersetzen kannst, werden dir vom Universum weitere positive Gedanken geschickt.

Deine Gedanken haben die Macht deine Gesundheit, deine Beziehungen und dein Umfeld zu verbessern. Wenn du dein Leben verändern möchtest, ändere die Frequenz, indem du positiver denkst. Üben ist dabei zentral. Niemand kann von einer Sekunde zur nächsten seine negativen Gedanken ausstellen. Es ist eine traurige Gewohnheit von uns Menschen, uns zu beklagen. Ein berühmtes Beispiel ist die Schlaflosigkeit. „Heute Nacht habe ich schon wieder kaum ein Auge zu bekommen, wie soll ich mich da auf die Arbeit konzentrieren können?"

Der Ausweg aus der Schlaflosigkeit beginnt einfach: Nimm dir vor, niemandem mehr davon zu erzählen. Denke am Abend im Bett nicht daran, wie müde du morgen sein wirst, wenn du jetzt nicht sofort einschläfst. Das Gesetz der Anziehung tritt sonst in Kraft und du wirst dich noch Stunden in diesen Gedanken wälzen. Denke positiv. Es ist für deinen Körper auch Erholung, wenn du im Bett liegst und noch nicht schläfst. Diese beruhigenden Gedanken werden durch das Gesetz der Anziehung belohnt, und bald wirst du mehr Schlaf bekommen und dich somit viel besser auf deine Arbeit konzentrieren können.

Der Schlüssel zu einem besseren Leben bist du selber, mit all deinen Gefühlen und Gedanken! Erfahre im nächsten Kapitel mehr über deine Gedankenwelt und wie du sie kontrollieren kannst.

Kapitel 2: Visualisierung

Visualisierungen sind zentral, um das Gesetz der Anziehung zu deinen Gunsten nutzen zu können. Wir sollten uns nicht von grauen, trüben Alltagsgedanken kontrollieren lassen, sondern unser eigenes Leben mit blühenden, fröhlichen Gedanken in eine wunderbar positive Richtung steuern.

Kinder haben eine riesige Fantasie. Sie stellen sich vor, dass ein Holzzweig ein Schwert ist, ihre Kuscheltiere sprechen oder haben sogar unsichtbare Freunde. Diese imaginäre Kreativität geht mit dem Erwachsenwerden meistens unter. Es gehört sich nicht, sich kindisch zu benehmen und man wird schräg angeschaut, wenn man unsichtbare Freunde hat.

Zum Glück ist Vorstellungskraft etwas, das man nicht verliert. Auch heute hast du die Macht, dir vorzustellen, was du möchtest.

Was Visualisieren nützt

Je klarer wir unsere Träume vor uns sehen, desto einfacher werden sie ihren Weg in unser Leben finden. Es ist aber wichtig zu wissen, dass die Visualisierungen nicht direkt unsere Träume wahr werden lassen. Sie bündeln nur unsere Energie auf den richtigen Frequenzen, sodass das Universum uns die Erfüllung zuspielen kann.

Es kann sein, dass unsere Visualisierungen manchmal von unserem Unterbewusstsein manipuliert werden. Das ist hilfreich, denn so erkennen wir, an was wir noch arbeiten können. Wenn du zum Beispiel oft von einer perfekten Beziehung träumst, die aber oft in Streitgesprächen endet, wird es einen Grund dafür geben. Vielleicht fühlst du dich nicht genug wertvoll, um in einer Beziehung zu sein. Am besten beginnst du nun, an dieser Visualisierung zu arbeiten. Stelle dir vor, wie ihr eine liebevolle und wunderbare Beziehung führt. Es mag eine Zeit dauern, bis du mit dem Ergebnis zufrieden bist, aber du kannst das Ziel erreichen! Am Ende fühlst du dich wertvoller und bist bereit für eine Beziehung. Und das Gesetz der Anziehung wird dich dabei unterstützen!

Im nächsten Kapitel haben wir Übungen für dich zusammengestellt, die dich auf der Reise in dein neues Leben unterstützen. Viel Spaß!

Kapitel 3: Übungen

Um dir den Einstieg in die Welt der Visualisierungen zu erleichtern, haben wir für dich sieben wirkungsvolle Übungen zusammengestellt, die dein Vorstellungsvermögen trainieren. Es ist enorm wichtig für das Gesetz der Anziehung, dass du bereit bist, positive Gedankenwelten zu erschaffen.

In einem zweiten Teil des Kapitels präsentieren wir – angelehnt an die Übungen, die Rhonda Byrne im Buch „The Magic" beschreibt (aus [2]) – 30 Übungen, eine für jeden Tag. Die Übungen begleiten dich in den ersten Monat deines neuen Lebens. Du lernst Schritt für Schritt, was du mit positivem Denken alles erreichen kannst. Verändere deine Beziehungen, deine Gesundheit und deine finanzielle Situation durch deine mentale Kraft!

Visualisierungsübungen

Einfache Visualisierung

Ein zentraler Aspekt des Gesetzes der Anziehung ist deine eigene Vorstellungskraft. Je schöner und detaillierter du dein Gedankenbild malst, desto positiver wird die Realität. Deine Gedankenbilder sind also wichtig und sollten deswegen auch geübt sein. Wir beginnen mit einer einfachen Visualisierung. Wähle aus deiner Umgebung einen Gegenstand aus, den du gerne hast. Das kann zum Beispiel dein Lieblingskugelschreiber sein, dein Kopfkissen oder ein Schmuckstück.

Betrachte den Gegenstand von allen Seiten. Merke dir die Textur, die Farben und die Form. Schließe danach die Augen. Versuche nun, in deinen Gedanken den Gegenstand möglichst detailliert nachzubauen. Forme ihn, male ihn in der richtigen Farbe an und gib ihm die richtige Textur. Drehe den Gegenstand gedanklich langsam. Wenn du mit deinem Gedankenbild zufrieden bist, öffne deine Augen wieder.

Reflektiere, ob deine Vorstellung auch der Realität entsprach. Wenn du zufrieden bist, versuche das gleiche mit einem komplexeren Gegenstand. Verkrampfe dich nicht, wenn deine Vorstellung nicht der Realität entsprach. Sieh es als Lernprozess an. Wahrscheinlich hast du den Gegenstand noch nie so detailliert betrachtet. Erfreue dich daran, wie du mehr und mehr darüber erfährst und übe weiter, bis du zufrieden bist!

Sensitive Vorstellung

Wenn du dich mit deinen gedanklichen Bildern von einfachen Gegenständen wohlfühlst, kannst du mit deinen anderen Sinnen experimentieren.

1. Stelle dir eine Blume vor, die lieblich duftet.

2. Stell dir vor, du stehst auf einem Hügel und der Wind fährt dir sanft über die Haut und die Gräser streichen um deine Beine.

3. Stell dir vor, du hörst dir ein Konzert deines Lieblingsmusikers an.

4. Stelle dir dein Lieblingsmenü vor. Biss für Biss genießt du die Köstlichkeiten. Und, hast du schon Hunger?

Bestimmt hast du viele weitere, kreative Ideen, wie du die vier Sinne Hören, Riechen, Schmecken und Tasten gedanklich erleben kannst.

Entspannung vor dem Einschlafen

Ein guter Zeitpunkt mit deiner Vorstellung zu experimentieren ist kurz vor dem Einschlafen. Wenn du dich vor dem Einschlafen oft etwas angespannt, aufgedreht oder verkrampft fühlst, ist die folgende Übung perfekt für dich.

Leg dich in eine bequeme Position, in der du nichts anspannen musst. Schließe nun die Augen und male dir den Ort, an dem du dich am besten entspannen kannst. Vielleicht ist das gerade hier in deinem dunklen Zimmer, an einem wunderschönen Sandstrand oder in einer Hängematte.

Konzentriere dich nun auf deine Zehenspitzen. Ganz langsam strömt ein warmes, wohliges Gefühl in deine Zehen, und sie werden ganz leicht, federleicht. Ganz langsam kriecht die Wärme in deine Füße und deine Beine hoch. Es fühlt sich an, als würden deine Beine in der Luft schweben. Die Wärme breitet sich weiter aus, langsam in deine Oberschenkel, deine Hüften, dein Bauch. Leichtigkeit breitet sich in deinem ganzen Oberkörper aus, alle Muskeln entspannen sich. Die Wärme spürst du nun auch in deinem Herzen, und von da aus kriecht sie in deine Schultern, deine Arme und Hände. Auch deine Fingerspitzen werden, eine nach der anderen, ganz leicht. Zum Abschluss verteilt sich die Wärme auch in deinem Nacken, deinem Hals und Gesicht. Dein ganzer Körper fühlt sich nun an, als würde er fliegen und langsam fühlst du dich bereit, einzuschlafen.

Inspirationsquelle

Wenn du manchmal Mühe hast, positive Gedanken zu finden, ist diese Übung das richtige für dich. Du sollst dich nicht unter Druck fühlen, immer weitere Gedankenwelten erfinden zu müssen, um dein Glück zu behalten.

Besorge dir entweder eine Pinnwand, ein großes Blatt Papier oder auch ein Notizbuch. Das Ziel ist nun, positive Erinnerungen, Fotos oder Zitate zu sammeln. Hier sind viele Ideen, woher die positiven Gedanken kommen können.

Schaue durch deine Fotoalben und kopiere deine glücklichsten Erinnerungen. Drucke Fotos von den Menschen aus, die dir nahestehen oder die du toll findest. Das können auch berühmte Personen sein, wie Sänger, Künstler oder Sportler. Schreibe Zitate auf, die dich inspirieren, zum Beispiel aus Filmen, Büchern oder Liedtexten. Suche im Internet nach Fotos von Orten, an die du gerne einmal reisen würdest oder die du bereits besucht hast und drucke sie aus. Scheue auch nicht davor zurück, Fotos von dir selber einzukleben, die du gerne hast.

Deine Sammlung kann dir in trübseligen Zeiten helfen, deine Gedanken zum Positiven zu wenden. Hole sie hervor, wähle eines der Bilder aus, schließe die Augen und versetze dich in diesen Ort oder stelle dir vor, mit dieser Person etwas zu unternehmen. Fühle dich auch frei, die Sammlung jederzeit zu ergänzen – denn es warten viele positive Momente auf dich in deinem Leben!

Kraftvolle Vorstellung

Sobald du auch deine Lieblingssinne in deine Vorstellung integriert hast, kannst du dich dem zeitlichen Aspekt zuwenden. Bis anhin hast du nur kurze Visualisierungsübungen durchgeführt, die mehrheitlich keine Szenenwechsel beinhalten. Nun wird es Zeit, deine Gedankenkraft zu stärken. Je kräftiger deine positiven Gedanken, desto kraftvoller wirkt das Gesetz der Anziehung.

Lies diese Übung zuerst ganz durch, bevor du mit der Umsetzung startest. Das Ziel ist es, dass du in deinen Gedanken deinen Traumtag erlebst. Natürlich nicht in Echtzeit, aber je mehr Zeit du dir nimmst, desto wirkungsvoller ist der positive Effekt.

Am besten legst du dich in dein Bett, einen Liegestuhl oder eine Hängematte oder setzt dich in einen bequemen Stuhl. Schließe die Augen und wache an deinem Traumort auf. Du bist völlig frei, wie du deinen Tagesablauf gestaltest. Hier sind einige Denkanstöße:

- Wo wachst du auf?

- Ist jemand bei dir?
- Wie fühlst du dich gleich nach dem Aufwachen?
- Was möchtest du an diesem Tag unternehmen? Möchtest du ein Abenteuer erleben, einen schönen Ausflug unternehmen oder es einfach gemütlich nehmen?
- Wer soll dich dabei begleiten?
- Wie bereitest du dich auf deinen Tag vor?
- Was ziehst du dir an?
- Was gibt es leckeres zum Frühstück?
- Wie erlebst du deinen Vormittag?
- Wie ist das Wetter?
- Wie verpflegst du dich durch den Tag? Gibt es einen ausgiebigen Brunch, ein Picknick zum Mittagessen oder viele Süßigkeiten?
- Was erlebst du am Nachmittag?
- Wie riecht es in deiner Umgebung?
- Mit wem und wo möchtest du Abendbrot essen?

- Wie verbringst du deine Zeit bis zum Einschlafen?

Bilder statt Worte

Wir wünschen uns oft Dinge wie gute Freunde, viel Geld und eine liebevolle Beziehung. Für schriftliche Listen eignen sich solche Stichworte. Die wahre Kunst ist es dann, dir die entsprechenden Dinge vorstellen zu können. Diese Übung hilft dir dabei, deine Vorstellungskraft zu erweitern.

Notiere deinen abstrakten Wunsch in der Mitte auf einem Blatt Papier. Nimm dir nun zwei, drei Minuten Zeit, um rundherum alle möglichen Folgen oder Konsequenzen dieses Wunsches aufzuschreiben, im Stil einer Mindmap. Gegen den Rand des Blattes wirst du immer konkreter. Wenn du dir zum Beispiel wünschst, gute Freunde zu finden, könnten folgende Punkte im Inneren deines Mindmaps stehen:

1. Eine Freundin finden, die mein Interesse am Fotografieren teilt.

2. Eine Freundin finden, die ebenfalls Kinder hat

3. Eine Freundin finden, die meinen Musikgeschmack teilt

Im äußeren Teil des Mindmaps sind dann beispielsweise die folgenden, konkreteren Situationen aufgelistet:

1. Wir nehmen zusammen an einem spannenden Fotografiekurs teil.

2. Wir treffen uns wöchentlich, und unsere Kinder spielen miteinander, während wir ein Kaffee trinken.

3. Wir gehen an ein Konzert und genießen die Musik.

Wähle dir nun deine Lieblingssituation von deinem Mindmap aus. Mit der Zeit wirst du für deine Wünsche keine Mindmaps mehr brauchen, sondern kannst dir eine konkrete Folge des Wunsches direkt vorstellen.

Jetzt kannst du die Situation einige Minuten lang in deinen Gedanken aufbauen und weiterentwickeln. Mit dieser Technik kannst du auch abstrakte Wünsche für das Gesetz der Anziehung nutzen. Du denkst einfach an die tolle Situation, als wäre dein Wunsch schon erfüllt, und das Gesetz der Anziehung wird dir helfen, ihn tatsächlich zu erfüllen.

Kraftbild

Ein Kraftbild kann dir in Momenten der Traurigkeit helfen, positiv zu denken. Wenn du einmal ein oder mehrere Kraftbilder hast, kannst du diese immer wieder einsetzen und dich von ihrer Wirkung beruhigen lassen.

Viele Menschen finden ihr persönliches Kraftbild in der Natur. Gibt es einen Ort, der dir besonders gefällt? Das kann ganz nah bei deinem Zuhause sein, aber auch am anderen Ende der Welt. Zur Inspiration sind hier drei Beispiele für Kraftbilder:

- Ein mächtiger Baum, der seit Jahrhunderten mit seinen weit ausgebreiteten Wurzeln auf einem Hügel steht. Du kannst dich darunter setzen, dich an den soliden Stamm lehnen und hinauf in das breite Blätterdach blicken. Die Sonne blinzelt zwischen den Ästen hervor und die Luft ist frisch und rein. Die Ruhe der Natur und die Energie des Baumes breitet sich langsam in deinem Körper aus.

- Du stehst an einer einsamen Küste und die kräftigen, hohen Wellen schlagen an das Ufer. Du spürst die unendliche Weite des

Meers und die feinen Tropfen des Wassers in deinem Gesicht.

- Ein kleiner, blauer See in den Bergen, umgeben von blühenden Wiesen und Felder, wartet nur darauf, dass du voller Energie in das kühle Nass hineinspringst. Du lässt dich auf dem Rücken zwischen Seerosen treiben und genießt die herrliche Bergluft.

Lass dich von diesen Kraftbildern inspirieren und mache dich auf die Suche nach deinem eigenen. Mit deiner Fantasie findest du bestimmt eine Szene, die dir viel bedeutet. Denke in einem Moment der Traurigkeit an dein Kraftbild, denn es spendet dir Energie und das Gefühl von Geborgenheit.

30 magische Tage

Sobald du deine Vorstellung trainiert hast, kann dein neues Leben losgehen! Die folgenden 30 Übungen zeigen dir, wie du mit der Kraft deiner Gedanken deine Gesundheit, deine Beziehungen und vieles mehr verbesserst.

Tag 1: Schätze dein Glück

Das Gesetz der Anziehungen zeigt, dass positive Gedanken dein Leben verbessern. Deswegen ist das Ziel, sich ab dem ersten Tag mit positiven Gedanken zu befassen. Dafür erstellst du am ersten Morgen eine Liste mit zehn Punkten, wofür du dankbar bist. Du bist völlig frei, aus welchen Bereichen deines Lebens du diese auswählst, Gesundheit, Arbeit, Beziehungen, Natur oder materieller Besitz sind nur einige Beispiele von möglichen Themen. Schreib zu jedem Punkt auch auf, weswegen du dafür dankbar bist.

Du kannst deine Liste zum Beispiel so gestalten:

1. Ich bin so glücklich, dass ich ________ habe, weil ________.
2. Ich bin dankbar, __________ zu besitzen, weil es mir hilft ________.
3. ...

Lies die Liste danach laut vor und bewahre sie auf. Füge jeden Tag zehn weitere Dinge hinzu, für die du dankbar bist.

Tag 2: Der magische Stein

Heute geht es darum, deine positiven Gedanken an ein Objekt zu binden, das Solidität und Festigkeit repräsentiert. Suche dafür einen Stein, der gut in deine Handfläche passt und eine angenehme Oberfläche hat.

Nimm den Stein am Abend, bevor du ins Bett gehst, in die Hand und schließe deine Finger darum. Denke an das Beste, das an diesem Tag geschehen ist. Bedanke dich für das schöne Erlebnis. Das war es auch schon, danach kannst du den Stein auf deinen Nachttisch legen und die Übung an den folgenden Tagen wiederholen.

Dank den ersten beiden Übungen beginnt und endet dein Tag jeweils mit Dankbarkeit und positiven Gedanken. Vergiss nicht, sie auch an den weitern 28 Tagen durchzuführen.

Tag 3: Negativität verschwinden lassen

Vieles in unserem Leben schauen wir als selbstverständlich an. Das stört den Fluss der Magie und führt zu negativen Ansichten. Bist auch du nur dankbar für deine Gesundheit, wenn du dir im Winter einen Husten einfängst? Bist du nur dankbar für dein Auto, wenn es einmal nicht fahrtüchtig ist? Freust du dich jeden Tag, dass du lebst, oder siehst du das als Selbstverständlichkeit?

Suche dir heute das aus, was dich zur Zeit am meisten belastet. Das kann sein, dass du arbeitslos bist, dass du Streit mit jemandem hast oder dass du zu viel um die Ohren hast. Stelle eine Liste mit positiven Aspekten über deine Situation auf. Wenn du arbeitslos bist, sei dankbar, dass du wieder mehr Zeit für die Familie hast, dass jeden Tag neue Jobs freiwerden und dass du eine Pause einlegen kannst. Wenn du viel um die Ohren hast, sei froh, dass du eine Arbeit hast und dass du viele Gelegenheiten bekommen hast dich zu beweisen. Versuche, dich den ganzen Tag lang nicht zu beklagen. Falls dir doch etwas herausrutscht, füge hinzu, welchen positiven Aspekt das hat.

Tag 4: Geschenktes Geld

Egal in welcher finanzieller Situation du bist: Wenn du darüber unglücklich bist, bist du somit undankbar für das Geld, das du hast. Wenn du dich hingegen über das freust, was du hast, wirst du erleben, wie das Geld sich magisch vervielfachen kann.

Das mag für viele schwierig sein, und dafür möchten wir Hilfe präsentieren. Setz dich hin und denke über deine Kindheit nach. Wie oft wurde dir etwas bezahlt? Das Essen zuhause, eine Ausbildung, Schulausrüstung, Ferien, Kleider, Geburtstagsgeschenke oder Arztbesuche sind nur einige Beispiele, die Kinder gratis genießen können.

Nimm dir nun eine Banknote und klebe einen Zettel darauf. Schreibe auf den Zettel: „Danke für all das Geld, das ich in meinem Leben erhalten habe." Behalte die Note nun in deinem Geldbeutel. Nimm die Note tagsüber immer wieder in die Hand und sei dankbar für das Geld, das du bekommen hast. Sei auch in der Zukunft jedes Mal dankbar, wenn du aus irgendeinem Grund Geld erhältst. So nützt du die Macht der Dankbarkeit, um mehr Geld anzuziehen.

Tag 5: Wunderbare Arbeit

Um in deinem Job erfolgreich zu sein und Ideen, Inspiration und Möglichkeiten zum Aufstieg zu bekommen, ist es wichtig, dankbar für deine Arbeit zu sein. Je dankbarer du bist, desto besser wird deine Arbeit, und umso grösser sind deine Chancen auf eine Beförderung oder mehr Anerkennung.

Auch als Hausfrau oder Hausmann hilft dir die Dankbarkeit durch den Alltag. Du erlebst dadurch schöne Momente, ziehst Unterstützung an und wirst somit glücklicher.

Falls dir deine Arbeit nicht gefällt, sei trotzdem positiv. Mit einer positiven Einstellung gegenüber deinem alten Job wirst du bald auch deinen Traumjob erreichen.

Wenn du heute in dein Geschäft gehst oder zuhause arbeitest, achte dich auf positive Aspekte deiner Arbeit. Notiere dir durch den Tag alles Gute und Tolle an deinem Job, deinen Mitarbeitenden oder Kunden in der folgenden Form: „Ich bin dankbar, dass ______."

Tag 6: Heiler Körper

100 Billionen Zellen kümmern sich jederzeit in unserem Körper um unsere Gesundheit. Wer gesund ist, denkt selten daran, wie glücklich er sich schätzen kann. Indem wir uns bewusst machen, welche Leistung unser Körper für uns vollbringt, und dafür dankbar sind, werden kleine Blessuren wie durch Magie verschwinden. Sei dankbar für deine Augen, die uns die Welt in aller Farbenpracht übermitteln. Sei dankbar für all deine Sinne, die dich durch die Welt führen. Sei dankbar über deine Beine, die dich gehen, laufen, klettern und schwimmen lassen. Sei dankbar über deine Arme und Finger, die unsere tägliche Arbeit ermöglichen.

Schreibe in großen Buchstaben auf einen Zettel: „Das Geschenk der Gesundheit hält mich am Leben." Trage den Zettel den ganzen Tag mit dir, und betrachte den Satz immer wieder. Deine Dankbarkeit wird dich nicht nur gesund halten, sondern auch deine Lebensenergie erhöhen.

Tag 7: Beziehungen heilen

Beziehungen sind ein wichtiger Bestandteil unseres Lebens. Familienmitglieder unterstützen einander, Partner schenken sich gegenseitig Liebe und Vertrauen und Freunde bringen Abwechslung und Spaß in unser Leben. Trotzdem sind Beziehungen fast nie perfekt, wir haben Meinungsverschiedenheiten und streiten manchmal. Heute ist der Tag, an dem du beginnst, deine Beziehungen zu optimieren. Der Schlüssel dazu ist Dankbarkeit. Wenn du erst merkst, wie viel eine Person dir schenkt, du dies wertschätzt und auch zurückgibst, wird sich eure Beziehung automatisch verbessern.

Suche drei Personen aus, die dir sehr nahe stehen und drucke von jeder ein Foto aus. Schreibe zu jeder Person fünf Gründe auf, was du an ihr schätzt. Beginne jeden Satz mit Danke, wie zum Beispiel: Danke ______, dass du ______. Trage die Fotos einen Tag lang mit dir und bedanke dich mindestens drei Mal bei jeder Person, während du das Foto anschaust.

Tag 8: Magischer Morgen

Um einen mit Magie und Positivität gefüllten Tag zu erleben, startest du am besten schon am Morgen. Bleibe nach dem Aufwachen einen Moment in deinem Bett liegen und sage in deinen Gedanken „Danke“. Freue dich über den neuen Tag, den du erleben darfst. Sag danach in deinen Gedanken jedem Ding Danke, das du benutzt oder berührst, während du dich für den Tag bereit machst. Der Fußboden trägt dich, aus dem Wasserhahn kommt frisches Wasser, du besitzt Kleider und Schuhe, die dich vor Kälte oder Hitze beschützen, deine Küche hilft dir, dein Frühstück zuzubereiten – Danke!

Mit jedem Stück Dankbarkeit, das dich erfüllt, wird dein Tag ein wenig glücklicher und fröhlicher.

Tag 9: Bezahlen mit Freude

Dankbarkeit ist bereichernd, Beschweren ist armselig, das ist die goldene Regel. Heute lernen wir, wie wir den Grund, weswegen sich viele Leute über Geld beklagen, ins Positive wenden. Schon wieder eine Rechnung zu bezahlen? Ja, aber ab heute machst du das gerne. Wenn du eine Rechnung erhältst, überlege dir, welche Leistung du im Gegenzug für dein Geld erhalten hast. Wenn du die Stromrechnung bezahlst, sei dankbar für das Licht, das dir im Winter bis spät in die Nacht dein zuhause erleuchtet. Wenn du die Handyrechnung bezahlst, überlege dir, wie viel Aufwand es wäre, deine Konversationen per Post zu führen. Wenn du für Gegenstände oder Kleider bezahlst, stell dir die vielen Momente vor, in denen du davon Gebrauch machen kannst oder sie dich vor Kälte und Wärme beschützen.

Suche dir heute deine letzten zehn bezahlten Rechnungen heraus und schreibe darunter: „Danke – bezahlt." Zahle alle offenen Rechnungen und schreibe dasselbe darunter. Unter noch offenen Rechnungen, die du noch nicht bezahlen kannst, schreib: „Danke für das Geld." Je dankbarer du für das Geld und die Dienstleistungen bist, desto mehr Geld wirst du bekommen.

Tag 10: Helfende Hände

Wir alle haben in unserem Leben schon einmal Unterstützung, Hilfe oder Rat von anderen Menschen erhalten. Vielleicht haben wir es damals gar nicht gemerkt, aber dank ihnen hat sich unser Leben positiv verändert. Denke heute zu einem ruhigen Zeitpunkt über die Menschen nach, die dir geholfen haben. Vielleicht hast du von ihnen Geschenke erhalten, vielleicht eine Vorliebe geerbt, vielleicht haben sie dir deinen Partner vorgestellt. Suche dir drei Menschen aus, deren Einfluss du am meisten schätzt. Nimm dir Zeit und erkläre jedem der drei, weswegen du sehr dankbar für ihre Unterstützung bist, als wären sie vor dir. Wenn du nicht laut sprechen möchtest, kannst du deine Danksagungen in einem Brief festhalten.

Tag 11: Magische Aura

Wir treffen viele Menschen in unserem Leben. Bei der Arbeit, unterwegs, beim Einkaufen, bei Freizeitaktivitäten, auf Reisen – überall sind wir umgeben von Menschen. Sie fahren den Bus, sie bedienen uns im Restaurant, sie holen den Müll vor unserer Haustür ab, sie bringen uns Post und vieles

mehr. Dafür bekommen sie selten ein aufrichtiges Dankeschön zu hören.
Dankbarkeit ist eine mächtige Energie, die wir in der Welt verteilen sollten. Das kann man sich vorstellen wie eine magische Aura. Mit einem Dankeschön füllen wir die Aura einer Person mit Glück. Damit geben wir ihr ein warmes, wunderbares Gefühl und sie wird die glückliche Aura hoffentlich nutzen, um weiteren Menschen zu danken.

Dein Ziel heute ist, die Aura von zehn Personen mit Dankbarkeit zu füllen, die dir in deinem alltäglichen Leben helfen. Gehe zu einer Person, die etwas für dich getan hat, und bedanke dich aufrichtig bei ihr.

Tag 12: Guten Appetit

Es ist eine jahrtausendealte Tradition der Menschen, sich für das Essen zu bedanken. Im Zeitalter von Fast Food und im „To Go"-Business geht diese Dankbarkeit verloren. Das ist schade, denn dadurch sehen wir den Wert den Essens nicht mehr, es wird für uns zu einer Nebentätigkeit. Dabei erhält uns Essen am Leben! Meist stecken hinter einem Menü viele Menschen, die dafür gearbeitet haben. Sei dankbar für die Menschen, die dein Essen pflücken, schneiden, kochen, verpacken und servieren.

Danke heute vor jeder Speise den Menschen, die dafür gearbeitet haben. Denke an die Kaffeebohnen-Ernter, die Bauern, die Fischer, die Verkäufer oder den Koch!

Sei auch dankbar für das Wasser, das nicht nur uns Menschen ernährt, sondern auch den Pflanzen und Tieren als Nahrung dient und die Natur blühen und wachsen lässt.

Tag 13: Wünsche wahr werden lassen

Wenn du die bisherigen magischen Übungen fleißig ausführen konntest, hast du jetzt eine wunderbare Grundlage, die dich mit Dankbarkeit erfüllt. Heute geht es nun darum, dich mit deinen Träumen und Wünschen auseinanderzusetzen!

Mach eine Liste mit den zehn Wünschen, die für dich am wichtigsten sind. Schreibe die Wünsche auf, als wären sie schon wahrgeworden.

Danke, danke, danke für _______.

Stelle dir nun vor, die Wünsche wären jetzt Realität. Beantworte für jeden Wunsch die folgenden drei Fragen.

1. Wie hast du dich gefühlt, als der Wunsch wahr wurde?

2. Wem hast du es als erstes erzählt? Wie hast du es erzählt?

3. Was hast du als erstes getan, nachdem du es erfahren hast?

Lies deine Liste nun laut vor. Die Dankbarkeit, die sich in dir aufbaut, wird dir dabei helfen, das gewünschte tatsächlich zu erreichen.

Tag 14: Ein wunderbarer Tag

Um einen wunderbaren, magischen Tag zu erleben, sei dafür schon am Morgen dankbar. Denke zu Beginn des Tages über deine Pläne für den Tag nach und sei dankbar für jedes Ereignis, als sei es bereits reibungslos abgelaufen. Bedanke dich auch für die scheinbar alltäglichen Dinge, wie das Einkaufen im lokalen Supermarkt oder den Weg ins Geschäft.

Mit der guten Laune, die du dir damit verschaffst, wird du ganz bestimmt auch einen tollen Tag erleben.

Tag 15: Beziehungen heilen

Reflektiere heute über Beziehungen in deinem Leben, die nicht so funktionieren, wie du es dir wünscht. Wähle eine instabile Beziehung aus, die dich belastet und die du verbessern möchtest. Setz dich hin und schreibe eine Liste mit zehn Dingen, für die du der gewählten Person dankbar bist.

______, ich bin dir dankbar für _______.

Es mag nicht bei jeder Beziehung einfach erscheinen, aber es gibt viele Gründe, einer Person dankbar zu sein. Um dir einige Ideen zu geben, sind hier einige Beispiele, wofür man zum Beispiel einem Ex-Mann dankbar sein kann:

1. Peter, ich bin dir dankbar für die Kinder, die wir zusammen in die Welt gebracht haben. Sie bereiten mir jeden Tag Freude.

2. Peter, ich bin dir dankbar für die Arbeit, die du jeden Tag erledigt hast, um uns eine finanzielle Stabilität zu ermöglichen.

3. Peter, ich bin dir dankbar für die Zeiten, in denen ich krank war oder es mir schlecht ging und du mich unterstützt hast.

Tag 16: Wunder der Gesundheit

Dankbarkeit und positives Denken können unseren Körper und unsere Gesundheit drastisch verbessern. Wer an einer Krankheit leidet, hat oft auch schwere und negative Gedanken, und das wirkt sich leider meist auch wieder schlecht auf den Körper aus. Wenn du deine Gedanken zum Positiven wenden kannst – und das geht am einfachsten mit Dankbarkeit – wird sich deine Gesundheit verbessern.

Erinnere dich heute an mindestens drei Zeitpunkte, an denen du dich wunderbar und fit gefühlt hast und sei dafür dankbar. Denke auch an fünf Funktionen deines Körpers, die dich aktuell unterstützen und sei dafür dankbar.

Tag 17: Der magische Scheck

Stelle dir heute selber einen Scheck aus, mit dem Betrag, den du dir wünscht. Überlege dir, wofür du das Geld ausgeben möchtest. Vielleicht möchtest du dir einen neuen Computer kaufen, vielleicht möchtest du damit die Bildung deiner Kinder bezahlen, vielleicht eine Woche an deinen Traumstrand reisen. Nimm den Scheck einen Tag lang mit und halte ihn ab und zu in deinen Händen. Sei dankbar dafür, als hättest du den Betrag schon erhalten.

Wenn du das Geld bekommen hast, um dir deinen Wunsch zu erfüllen, stelle dir einen neuen Scheck aus und wünsche dir wiederum etwas.

Tag 18: Die magische To-Do-Liste

Manche Tage haben einfach zu wenig Stunden für all die Arbeiten, die auf einem warten. Und neben den Arbeiten, die unbedingt gemacht werden sollten, würde man eigentlich gerne auch noch die Freizeit genießen. Wie bekommt man diese Last in den Griff? Erstelle dir eine umfassende To-

Do-Liste mit allen wichtigen und unwichtigen Dinge, die du gerne erledigen möchtest. Konzentriere dich nun jeden Tag darauf, drei dieser Arbeit als erledigt anzusehen. Denke darüber nach, wie die Lösung zu dir kommen könnte. Vielleicht kann dich jemand unterstützen? Vielleicht hast du das richtige Werkzeug dafür noch nicht gefunden?

Denke daran, gleiches zieht gleiches an. Wenn du über Lösungen anstatt Probleme nachdenkst, ziehst du diese auch viel mehr an.

Tag 19: Magisches Tagträumen

Nimm dir heute vor, dein Smartphone heute nur für das Allerwichtigste zu nutzen. Die sozialen Medien können auch einen Tag ohne dich überleben. Anstatt durch endlose Neuigkeitenfeeds und Dashboards zu scrollen und dich mit fremden Meinungen und Eindrücken vollzupflastern, lass deinen Kopf selber Gedanken entwickeln. Werde kreativ, und denke dir eine spannende Geschichte aus. Vielleicht bist du heute Superman oder Superwoman und rettest die Welt oder ein

Undercover-Superstar – nichts ist zu wild für deine Fantasie!

Dank dem Tagträumen lernst du viel über dich selbst und entwickelst Kreativität. Du produzierst deine eigenen Gedanken, und lässt dich weniger von den sozialen Medien beeinflussen.

Tag 20: 100 Schritte

Die heutige Übung ist simpel, aber effektiv und praktisch. Du musst dafür keine Listen erstellen oder Zettel schreiben. Suche dir einfach eine schöne Wegstrecke aus, das kann dein Arbeitsweg oder auch ein Spaziergang in deiner Umgebung sein, und gehe mindestens 100 Schritte in Dankbarkeit. Denke über das nach, was dich aktuell glücklich macht, und lass den glücklichen Gedanken freien Lauf. Mit jedem Schritt erhöht sich das Glücksgefühl in dir und du bist bereit, dich der Welt zu stellen.

Tag 21: Magie in unserer Seele

Die Dankbarkeit, die wir in unserem Inneres immer wieder hervorrufen, wird sich bald in uns einnisten. Die heutige Übung hilft dir, das Glücksgefühl in deiner Seele zu verinnerlichen. Um die Seelen-Magie zu spüren, schließt du zu Beginn am besten die Augen und legst deine Hand dorthin, wo du deine Seele vermutest Konzentriere deine Gedanken auf die Bereich um dein Seele und spüre die Dankbarkeit.

Du kannst die Seelen-Magie auf verschiedene Bereiche anwenden. Nimm zum Beispiel die Wunschliste mit deinen zehn sehnlichsten Wünschen und lege für jeden Wunsch die Hand auf deine Seele und sage: „Danke."

Tag 22: Fehler sind Wunder

Kinder machen immer wieder Fehler. Das ist ihre Forschungsmethode, so lernen sie dazu. Wenn die Bausteine schräg nicht aufeinander stehen bleiben, versuchen sie es beim nächsten Mal gerade.

Leider ist man in der Welt der Erwachsenen oft der Meinung, dass Fehler etwas Schlechtes sind. Das ist Unsinn, auch wir

Erwachsenen können aus unseren Fehler lernen. Wir sollten lernen, zu unseren Fehlern zu stehen und das Positive darin zu sehen.

Finde einen Fehler, den du in deinem Leben gemacht hast. Mache eine Liste mit zehn Gründen mit positiven Folgen des Fehlers. Ein Beispiel:

Ich bin dankbar, den Fehler gemacht zu haben, weil ich nun weiss, wie man es besser machen kann.

Tag 23: Lösungen wollen gefunden werden

Wie du dank der To-Do-Liste erfahren hast, ziehen Lösungsdenker Lösungen an. Das möchten wir heute vertiefen. Wähle drei Dinge aus, für die du dir sehnlichst ein gutes Ergebnis wünscht. Das kann zum Beispiel eine schwierige Konversation sein, die du mit deinen Kindern oder deinem Partner führen möchtest, ein Doktorbesuch oder eine Prüfung in der Schule.

Notiere dir zu Beginn des Tages die drei Dinge, als wären sie bereits wunderbar gelaufen: Danke für das wunderbare Ergebnis ______.

Tag 24: Das Spiel des Universums

Stell dir vor, dass das Universum dir alles geben möchte, was du willst. Weil es aber nicht zu dir hinlaufen kann und dir alles in die Hände legen kann, gibt es dir Hinweise, die dir helfen, deine Träume zu erreichen. Es weiss, dass Dankbarkeit der Schlüssel dazu ist, also benutzt es Menschen, Umstände und Veranstaltungen um dich herum, um Dankbarkeit in dir hervorzurufen.

So funktioniert das Spiel des Universums: Wenn du heute jemanden eine Zeitung lesen siehst, sei dankbar für die guten Neuigkeiten. Wenn du ein Polizeiauto siehst, freue dich über die Sicherheit. Wenn du ein verliebtes Paar siehst, und selber gerne verliebt wärst, sei dankbar für die Liebe. Wenn dir dein Nachbar zuwinkt, sei dankbar für deine Nachbarn. Diese Aufzählung ist keineswegs abgeschlossen, du kannst für so viele kleine und große Dinge dankbar sein. Das Ziel vom heutigen Tag ist es, mindestens sieben Mal dankbar zu sein für etwas, an das dich das Universum erinnert.

Tag 25: Magische Ordnung

Heute ist das Ziel, Ordnung zu schaffen. Wähle einen Ort aus, dessen Chaos dich schon lange nervt. Das kann ein unordentliches Zimmer sein, ein vollgestellter Schreibtisch, ein überfüllter Schrank oder einfach nur eine Chaos-Schublade. Räume den Ort gründlich auf, damit du dich danach an der Sauberkeit und der Ordnung erfreuen kannst. Lass deine Gedanken nicht trüben, wenn an anderen Stellen in deiner Wohnung immer noch ein Chaos herrscht. Freue dich darüber, dass du den ersten Schritt in Richtung Ordnung unternommen hast. Wenn du die Freude und Dankbarkeit über die Ordentlichkeit behältst, wird es dir leicht fallen, ab jetzt immer wieder aufzuräumen.

Tag 26: Der Zauberstab

Hast du dir auch schon gewünscht, deinen Zauberstab zücken zu können und den Menschen um dir helfen zu können? In der heutigen Übung lernst du, wie du selber zu einem kraftvollen Zauberstab wirst!

Wähle drei Personen aus deinem Umfeld aus, die in den Bereichen Gesundheit, Finanzen oder Zufriedenheit Probleme haben. Nimm dir von der ersten Person ein Foto und stelle dir vor, wie sie dir erzählt, dass all ihre Probleme soeben gelöst wurden. Nimm dir einige Minuten, um dich an ihrem Glück zu erfreuen und die Dankbarkeit zu spüren. Öffne zum Schluss die Augen, und sag: „Danke, danke, danke für die Gesundheit, die finanzielle Stabilität und die Zufriedenheit von ______." Wiederhole dasselbe für die beiden anderen Personen, spüre die Zufriedenheit und die Kraft deines inneren Zauberstabs.

Tag 27: Die magische Natur

Wenn es um Wünsche und Dankbarkeit geht, denken wir Menschen oft an das materielle, finanzielle oder zwischenmenschliche. Wir kommen selten auf den Gedanken, uns über die Natur zu freuen. Dafür haben wir jedoch allen Grund: Ohne Luft würden nicht nur wir Menschen, sondern auch die Tiere und

Pflanzen nicht überleben. Wir können dankbar sein, dass die Sonne scheint und die Pflanzen unsere Atemluft produzieren lässt. Wir können uns an wunderschönen Sonnenuntergängen erfreuen und das Zwitschern der Vögel erfüllt unsere Luft mit Lebendigkeit.

Atme im Verlauf des heutigen Tages fünfmal ganz bewusst die frische Lust der Natur ein. Genieß es, wie die Lust deine Lungen füllt und deine Zellen mit Sauerstoff versorgt und anschließend wieder aus den Lungen strömt. Bedanke dich bei der wertvollen Natur.

Tag 28: Erfüllung

Suche heute deine Liste mit deinen zehn sehnlichsten Wünschen heraus und lies sie am Morgen. Stelle dir vor, die Wünsche wären bereits wahr geworden und du wirst die Dankbarkeit spüren.

Trage die Liste ab jetzt mit dir und blicke von Zeit zu Zeit darauf. Immer wenn sich einer deiner Wünsche erfüllt, schreibe einen neuen darauf.

Tag 29: Magisches Du

Wenn du die bisherigen Tage den Übungen gefolgt bist, hast du dich verändert. Du hast gelernt, wie man positiv in die Welt hinausschaut, und von dem Gesetz der Anziehung profitiert. Stelle dich nun vor einen Spiegel und betrachte dich. Es ist Zeit, dir selber zu danken. Freue dich, wie du dein Leben in die Hände genommen hast. Erzähl deinem Spiegelbild drei Gründe, wieso du auf dich selber stolz sein kannst. Wenn du dir selber dankbar bist, wirst du alles Positive anziehen, das dich noch dankbarer machen wird.

Tag 30: Erinnere dich an die Magie

Kein Tag ist identisch mit einem anderen. Jeder Tag hat das Potenzial für Freude, Glück und Positivität. Das macht die heute Übung eine kraftvolle Übung, die du den Rest deines Lebens ausführen kannst.

Überlege dir, was gestern alles geschehen ist. Wofür kannst du dankbar sein? Das können kleine oder große Dinge sein, das spielt keine Rolle. Notiere dir alles, was dir einfällt. In Zukunft kannst du die Liste auch in deinem Kopf erstellen. Wenn du die Augen für all die kleinen positiven Dinge öffnest, wirst du merken, dass die Welt voller Magie ist. Du bist erfüllt mit wunderbar glücklichen Gedanken und dein Leben wird mit Glück erstrahlen.

Kapitel 4: Die Zukunft

Die ersten 30 Tage sind nur der Beginn eines erfüllten, tollen Lebens. Bestimmt findest du es danach schon viel einfacher, positiv zu denken. Denn dank dem Gesetz der Anziehung resultieren positive Gedanken in weiteren positiven Gedanken.

Wir empfehlen dir trotzdem, einige der Übungen weiterhin anzuwenden, damit die Magie nicht vergessen geht. Wähle die Übungen aus, die dir am besten gefallen und übe täglich. Hier sind vier weitere Ideen, wie du deinen Alltag positiver gestalten kannst.

Eine gute Tat pro Tag

Es ist schön, andere Menschen zum Lächeln zu bringen, und dafür braucht es nicht viel. Halte jemandem die Tür auf, schenke einem Freund eine kleine Aufmerksamkeit, mache jemandem ein Kompliment, sammle Müll und entsorge ihn umweltbewusst oder unterstütze deine Familie bei der Hausarbeit.

Lächeln

Schenke anderen ein Lächeln, und freue dich, wenn du ein Lächeln zurückbekommst. Lache dich auch selber an, wenn du in einen Spiegel schaust. Auch du hast es verdient, mit einem Lächeln belohnt zu werden!

Kleider machen Leute

Achte darauf, dass du dich anständig kleidest. Du wirst dich wohler fühlen und dich selber viel mehr respektieren. Trage auch zuhause bequeme und saubere Kleider. Du wirst du dich produktiver und besser fühlen.

Gute Neuigkeiten

Verbringe nicht zu viel Zeit mit Zeitungen oder anderen Newsportalen, denn warum sollst du dein Leben mit schlechten Neuigkeiten betrüben? Konsumiere lieber positive Neuigkeiten, wie zum Beispiel von der Organisation Ted, die inspirierende Reden publiziert.

Schlusswort

Mit dem magischen Werkzeug der Dankbarkeit kannst du deinem Leben zu einem neuen Glanz und neuen Perspektiven verhelfen. Du kannst deine Beziehungen heilen und ein glücklicheres Leben führen. Das Universum wird dir neue Wege eröffnen, die du zuvor als unmöglich erachtet hast.

Es ist aber wichtig, dass du das Gesetz der Anziehung nicht vergisst. Lass dich von kleinen Rückschlägen nicht einschüchtern, sondern baue darauf auf. Denke daran, dass man auf Fehlern lernen kann und alles eine positive Seite hat. Wenn du das Gefühl hast, dass dir die Magie langsam entgleitet, kehre zu diesem Buch zurück und rufe dir die Übungen zurück in deine Erinnerung. Damit wirst du bald wieder die Dankbarkeit spüren, die dich mit wunderbaren und positiven Gedanken erfüllt!

Quellen

[1] Rhonda Byrne: The Secret. New York 2006.

[2] Rhonda Byrne: The Magic. New York 2012.

www.thesecret.tv

Katherine Hurst: How To Visualize – The Secret To What Visualization Really Is. http://www.thelawofattraction.com/visualize-secret-visualization-really. 13.08.17

Katherine Hurst: 30 Law of Attraction Exercises To Help You Manifest More (With Examples). http://www.thelawofattraction.com/30-ways-you-can-attract-what-you-dream-of. 13.08.17

Gail Paul: 6 Simple Law of Attraction Exercises. http://www.gailpaul.com/6-simple-law-of-attraction-exercises. 13.08.17

Impressum

Text: Copyright © 2018 by Libros Trading Ltd

Business Center

Dubai World Center

P.O. Box 390667

Alle Rechte vorbehalten.

Nachdruck oder Kopieren, auch auszugsweise, ist ohne Erlaubnis des Autors nicht gestattet.

Fotos© agsandrew/ www.shutterstock.com

Wichtiger Hinweis:

Die in diesem Buch enthaltenen Informationen dienen ausschließlich informativen Zwecken und dürfen unter keinen Umständen als Ersatz für eine professionelle Beratung oder Behandlung durch ausgebildete und anerkannte Ärzte angesehen werden. Diese beinhalten keinerlei Empfehlungen bezüglich bestimmter Diagnose- oder Therapieverfahren. Die Inhalte dürfen niemals als eine Aufforderung zur Selbstbehandlung oder als Grundlage für Selbstdiagnosen und -medikation verstanden werden. Die Informationen spiegeln lediglich die Meinung des Autors wieder. Der Autor übernimmt für die Art oder Richtigkeit der Inhalte keine Garantie, weder ausdrücklich noch impliziert.

Sollten Inhalte des Buches gegen geltendes Recht verstoßen, dann bittet der Autor um umgehende Benachrichtigung. Die betreffenden Inhalte werden dann umgehend entfernt oder geändert.

Haftung für Links

Das Buch enthält Links zu externen Webseiten Dritter, auf deren Inhalte wir keinen Einfluss haben. Deshalb können wir für diese fremden Inhalte keine Gewähr übernehmen. Für die Inhalte der verlinkten Seiten ist stets der jeweilige Anbieter oder Betreiber der Seiten verantwortlich. Die verlinkten Seiten wurden zum Zeitpunkt der Verlinkung auf mögliche Rechtsverstöße überprüft. Rechtswidrige Inhalte waren zum Zeitpunkt der Verlinkung nicht erkennbar. Eine permanente inhaltliche Kontrolle der verlinkten Seiten ist jedoch ohne konkrete Anhaltspunkte einer Rechtsverletzung nicht zumutbar. Bei Bekanntwerden von Rechtsverletzungen werden wir derartige Links umgehend entfernen.

Printed in Poland
by Amazon Fulfillment
Poland Sp. z o.o., Wrocław

52879350R00036